**ROBERTO BORZELLINO**

# OTTENERE UN PRESTITO

**Cosa Fare per Richiedere un Finanziamento e non Farti Dire di No dalle Banche**

Titolo

"OTTENERE UN PRESTITO"

Autore

Roberto Borzellino

Editore

Bruno Editore

Sito internet

www.brunoeditore.it

# Sommario

Introduzione pag. 5

Capitolo 1: Come presentarsi in banca e ottenere un prestito pag. 7

Capitolo 2: Come comportarsi prima della firma del contratto pag. 26

Capitolo 3: Come difendersi dalle banche pag. 44

Conclusione pag. 63

# Introduzione

Con la recente crisi finanziaria mondiale del 2008, che ha investito praticamente ogni parte del nostro globo, abbiamo assistito, per la prima volta in assoluto, al fallimento delle banche. Tra queste ha avuto un posto di rilievo la Lehman Brothers Holdings Inc., fondata nel 1850 e fallita il 15 settembre 2008, che ha dichiarato la più grande bancarotta che la storia finanziaria degli Stati Uniti ricordi.

La crisi finanziaria americana si è poi estesa anche ai continenti europeo e asiatico diventando, di fatto, globale. Tutto questo ha determinato una grave carenza di liquidità per tutto il sistema creditizio, compreso quello italiano, con la conseguenza che anche le richieste di prestito che fino a qualche tempo prima avrebbero avuto un'alta probabilità di approvazione (fino al 90% e oltre), dopo la crisi del 2008 sono state praticamente rifiutate da ogni istituto bancario, grande o piccolo che fosse.

Pertanto, oggi, un qualunque cittadino che ha bisogno di un prestito si trova a dover fare i conti anche con questa debolezza del nostro sistema creditizio e, senza una guida finanziaria o i preziosi consigli di un consulente finanziario di fiducia, anche una richiesta di prestito che ha tutte le caratteristiche per essere approvata potrebbe essere respinta.

Questo ebook, che ritengo una preziosa guida finanziaria, è nato proprio dal desiderio di "evitare di farvi dire di no" dalle banche. Seguendo i capitoli di questo libro e mettendo in pratica i miei consigli, non solo apprenderai il miglior metodo per presentare in banca una richiesta di finanziamento, ma avrai a disposizione anche tutti gli strumenti che ti permetteranno di difenderti dalle stesse banche.

Buona lettura.

# CAPITOLO 1:

# Come presentarsi in banca per ottenere un prestito

## Come scegliere il metodo migliore per ottenere un prestito

Innanzitutto oggi bisogna tenere ben presente che il sistema di accesso al credito ci offre la possibilità di poter **scegliere l'interlocutore** che meglio si adatta alle nostre esigenze per richiedere un prestito personale per liquidità, un prestito al consumo per l'acquisto di un'autovettura o la cessione del quinto dello stipendio.

Infatti, oltre alla classica richiesta di prestito fatta personalmente in un qualunque istituto di credito o in una finanziaria, abbiamo la possibilità di rivolgerci anche a un **consulente del credito** di nostra fiducia, sia esso mediatore creditizio o agente in attività finanziaria, del quale abbiamo già avuto modo di valutare la competenza e la professionalità, ad esempio perché è andata a buon fine una nostra precedente richiesta di prestito trasmessa alla banca per suo tramite.

Infine, se siamo abbastanza pratici di computer e Internet, possiamo anche fare direttamente **online** la nostra richiesta di prestito, stando comodamente seduti nel salotto di casa nostra.

Non solo le banche hanno ormai propri siti web, ma anche le finanziarie offrono, online, la possibilità di scegliere e valutare, tra più soluzioni, quella che più si avvicina alle nostre esigenze.

**SEGRETO n. 1: per ottenere un prestito oggi possiamo scegliere tra il classico finanziamento in banca, la richiesta fatta personalmente via web o il ricorso al consulente finanziario di fiducia.**

### Come comportarsi in banca

Analizzando nel dettaglio le modalità di accesso al credito, la più tradizionale resta quella di recarsi personalmente nella nostra banca, ossia nell'istituto di credito dove abbiamo aperto il conto corrente e dove, probabilmente, abbiamo accreditato il nostro stipendio o la nostra pensione, nonché l'addebito automatico in conto corrente delle rate del mutuo della casa o delle bollette di acqua, luce, gas e telefono.

Ma vediamo ora quali sono le regole non scritte da osservare affinché la nostra banca ci conceda il credito da noi richiesto e, soprattutto, cosa fare per non avere brutte sorprese ed evitare di farsi dire di no.

Ecco alcuni consigli pratici:

1. *Scegliere la banca* alla quale rivolgersi *in base alle relazioni interpersonali*, perché tra i vari aspetti che la banca valuta per la concessione di un prestito, si tiene conto anche della persona che presenta la richiesta. Pertanto è necessario privilegiare una banca presso la quale *si è già positivamente conosciuti* (per esempio si è già clienti, sono clienti alcuni familiari, si conoscono i dipendenti della banca ecc.).
2. *Fissare un appuntamento* con il direttore della filiale della banca scelta oppure con la persona che si occupa delle relazioni con i clienti. Ogni banca ha la sua organizzazione e quindi, nella filiale della banca alla quale ci siamo rivolti, possiamo trovare, oltre al direttore di filiale, altre figure che si occupano della gestione del credito. Non è pertanto strettamente necessario riuscire a parlare personalmente

con il direttore di filiale, ma l'importante è formulare correttamente al funzionario della banca la nostra richiesta di prestito, anche al fine di poter ottenere risposte, non solo positive, ma anche in tempi piuttosto rapidi.

3. *Presentarsi preparati all'appuntamento* fornendo tutta la documentazione e le informazioni necessarie a una corretta valutazione della richiesta di credito da parte della banca. La documentazione e le informazioni fornite alla banca sono un ulteriore elemento di valutazione per la concessione di un prestito. Infatti, la normativa antiriciclaggio impone alle banche l'obbligo di identificare sempre il cliente richiedendo un documento di identità e il codice fiscale. Inoltre, perché si possa istruire la pratica di finanziamento, dovranno essere forniti anche tutti i documenti che attestano il reddito.

**SEGRETO n. 2: un buon biglietto da visita è quello di recarsi in banca fissando un appuntamento e portando con sé tutta la documentazione necessaria per presentare la richiesta di finanziamento.**

Vediamo ora, nel dettaglio, quali documenti occorre presentare in banca, in base al tipo di finanziamento richiesto (prestito personale, prestito al consumo o cessione del quinto).

Documenti richiesti per ottenere prestiti personali e prestiti finalizzati (**prestiti al consumo**):

- *documenti personali*: carta d'identità o patente e codice fiscale (in originale);
- *documenti attestanti il reddito*: ultime 3 buste paga o cedolini pensione, CUD recente oppure dichiarazione dei redditi (730 o modello unico se lavoratore autonomo);
- *utenze gas, luce, telefono*: copia delle ultime bollette regolarmente pagate.

Documenti richiesti per ottenere la **cessione del quinto** dello stipendio o delega:

- *documenti personali*: carta d'identità o patente e codice fiscale in originale.
- *Documenti attestanti il reddito*: ultime 3 buste paga o cedolini pensione, CUD recente, certificato di stipendio rilasciato dal datore di lavoro.

In ogni caso, bisogna tenere presente che, a volte, come supplemento dell'istruttoria, le banche possono chiedere ulteriori documenti che variano a seconda della tipologia del prestito oppure in base ai parametri utilizzati dalla banca alla quale ci siamo rivolti.

A integrazione della suddetta documentazione e al fine di consentire alla banca una valutazione più approfondita della richiesta, è buona norma, per chi chiede il prestito, fornire:

- l'elenco dei finanziamenti già ricevuti da altre banche, società finanziarie ecc.;
- i dati degli eventuali garanti (coniuge, genitori);
- tutte le informazioni ritenute utili per la valutazione da parte della banca.

**Come le banche valutano le richieste di prestito**

La fase istruttoria è la parte più delicata e importante di una richiesta di finanziamento, poiché da essa dipende l'esito negativo o positivo della richiesta. Nella fase istruttoria, gli istituti di credito adottano alcuni criteri che aiutano a stabilire la finanziabilità o meno del potenziale cliente, nonché a valutare il rischio dell'operazione di prestito. Occorre precisare che i singoli criteri non vengono adottati uniformemente dagli istituti di credito.

Questi criteri possono essere così riassunti:

- politica di rischio: **credit scoring**;
- livello di reddito: **rapporto rata/reddito**;
- affidabilità creditizia: **capacità di rimborso puntuale**.

**La politica di rischio delle banche (il credit scoring)**

Nella valutazione delle richieste dei prestiti, ogni istituto di credito applica una propria politica di rischio basandosi sui dati statistici: il cosiddetto credit scoring.

Essa determina l'affidabilità stimata del richiedente il finanziamento: mediante questa procedura si attribuisce un valore alla storia personale e creditizia del soggetto che chiede il finanziamento, in modo da assegnargli un punteggio.

Questo punteggio potrà essere alto, e quindi costituire per la banca un rischio basso, se il richiedente, precedentemente alla richiesta, è già stato titolare di una carta di credito oppure di un contratto di prestito personale e ha sempre pagato regolarmente le rate.

Invece, nel caso in cui il richiedente *non abbia mai fatto ricorso al credito* potrebbero insorgere dei problemi. Infatti, il funzionario della banca, già in questa fase preliminare, al fine di poter meglio valutare il rischio della vostra richiesta di prestito, dovrebbe consigliarvi di fornire il nominativo di un garante. Generalmente viene richiesta la sottoscrizione anche del coniuge o dei genitori.

Preme sottolineare che il garante, per permettere al funzionario della banca di istruire una pratica di finanziamento con ottime probabilità di successo, deve comunque essere una persona già censita in banca dati, vale a dire che in passato deve aver contratto almeno un prestito che sia stato onorato regolarmente – anche se contratto con altro istituto di credito o finanziaria – e, quindi, per il sistema creditizio, non risulti "cattivo pagatore".

Invece, nel caso in cui non desiderassimo coinvolgere altre

persone nella nostra richiesta di prestito alla banca, ovvero non abbiamo **nessun garante** da indicare, oppure nel caso in cui fornissimo il nominativo di un garante che risulta essere censito in banca dati come "cattivo pagatore", la conseguenza sarà che la banca opporrà un **rifiuto** alla nostra richiesta di prestito.

Nel primo caso, il motivo del rifiuto della banca è abbastanza ovvio: non siamo censiti in banca dati e non abbiamo fornito il nominativo di un garante. In questo modo, l'istituto di credito non potrà assegnarci alcun punteggio di credit scoring e di conseguenza non potrà valutare correttamente il **rischio**, non avendo dati sufficienti per capire se il prestito sarà regolarmente onorato oppure se andrà in default.

Nel secondo caso, il rifiuto della banca è dovuto al fatto che abbiamo indicato il nominativo di un garante, risultato poi, in sede istruttoria, come "cattivo pagatore". Ribadisco che il cattivo pagatore è colui il quale non ha onorato un precedente prestito e si trova segnalato in banca dati (Crif, Experian ecc.). La posizione del garante nei confronti della banca si rifletterà negativamente sulla nostra richiesta di prestito, con le conseguenze di cui sopra.

**SEGRETO n. 3: le banche utilizzano diversi criteri di valutazione del credito e, per chi chiede un prestito, è fondamentale conoscerne i parametri per avere maggiori possibilità di successo.**

*Come superare il problema del credit scoring*

Ipotizziamo il caso in cui siamo alla nostra prima richiesta di prestito in banca – e quindi non siamo censiti in banca dati – e non vogliamo o non possiamo fornire alla banca il nominativo di un garante. In questo caso, i consigli per poter superare la mancata attribuzione di credit scoring sono sostanzialmente due.

Una **prima ipotesi** consiste nel formulare una richiesta di prestito di importo molto basso, non superiore a 2.000 euro. In questo modo si potrà compensare l'alto rischio della banca, dovuto alla mancanza di attribuzione di credit scoring, con una richiesta di importo molto modesta che abbassi il rischio di default.

Come **alternativa**, prima di recarsi in banca per presentare la richiesta di prestito personale, consiglio di provvedere all'acquisto a rate di un piccolo elettrodomestico, come ad esempio un televisore o una lavatrice, facendo ricorso al prestito al consumo. Questo prestito si differenzia dal prestito personale in quanto è esclusivamente finalizzato all'acquisto di un bene.

In questo caso, sarà lo stesso negoziante al quale vi sarete rivolti per effettuare l'acquisto a inoltrare la richiesta e la documentazione alla banca con cui è convenzionato. Una volta ottenuto questo piccolo prestito al consumo, il principale effetto sarà quello di essere inseriti nel circuito delle banche dati e, per il sistema bancario, non sarete più degli "sconosciuti".

In ogni caso, prima di presentare la richiesta di prestito personale, bisognerà comunque avere la pazienza di *onorare puntualmente almeno due o tre rate del prestito al consumo* e quindi attendere almeno due o tre mesi prima di recarsi in banca per richiedere il prestito personale.

In questo modo saremo sicuri di poter ottenere l'assegnazione di un punteggio di credit scoring, anche se basso, in quanto abbiamo avuto solo recentemente l'approvazione del prestito al consumo, tra l'altro, per un importo modesto.

In ogni caso, la nostra richiesta di prestito personale, in questa fase, *non* deve superare l'importo di 5.000 euro, anche per permettere alla banca di tenere basso il rischio default e per avere, di conseguenza, maggiori probabilità di ottenere un esito positivo.

**SEGRETO n. 4: la mancata attribuzione del punteggio di credit scoring alla nostra richiesta di prestito può essere superata mediante il ricorso al microcredito finalizzato.**

Abbiamo già visto che il prestito personale si differenzia da quello al consumo in quanto non è vincolato all'acquisto di un bene o servizio, ma la sua finalità è libera: generalmente si tratta di un prestito di mera liquidità. Per questo motivo, non è necessario fornire alla banca alcuna giustificazione sull'utilizzo della somma ottenuta con il finanziamento.

Può succedere che il solerte funzionario di banca vi chieda: «A cosa vi serve questo prestito?» Potete sempre rispondere che la richiesta di prestito è motivata da ragioni strettamente personali, perché ciò non influirà in alcun modo sull'istruttoria e sul buon esito della pratica.

Gli altri due criteri che le banche, o le finanziare autorizzate a erogare credito, valutano in sede di istruttoria sono: il livello di reddito e l'affidabilità creditizia.

**Cos'è il rapporto rata/reddito?**

L'accettazione delle richieste di prestito personale è normalmente subordinata anche alla valutazione del livello di reddito del richiedente e al rapporto tra quest'ultimo e l'eventuale rata di rimborso (rapporto rata/reddito). È evidente che, nel proporre la richiesta di un prestito, occorrerà tenere presente che maggiore sarà la somma richiesta tanto più dovrà essere dimostrato, tramite documenti, di possedere un reddito che permetta di rimborsarne la rata.

In questo caso la regola di cui tenere conto è quella che dice che *l'importo della rata del prestito richiesto non deve essere superiore a un terzo del reddito netto mensile.*

Quest'ultimo si calcola sommando tutte le entrate mensili ricavate da busta paga e/o dichiarazione dei redditi, al netto delle uscite mensili, ad esempio sottraendo tutte le rate dei prestiti in corso, rata del mutuo compresa, e facendo la differenza tra i due importi. Ma vediamo concretamente come funziona.

Proviamo a ipotizzare il caso di un impiegato di 35 anni, con uno stipendio netto mensile di 1.200 euro e con un precedente prestito in corso con rata mensile da pagare di circa 200 euro. In questo caso basterà detrarre, dallo stipendio di 1.200 euro, la rata del prestito in corso e, dall'importo così ottenuto, 1.000 euro, calcolare circa il 30%.

Nel caso in esame la **rata mensile** che avremmo a disposizione per il nuovo prestito sarà di **300 euro**, come possiamo verificare nella tabella che segue:

| **Stipendio netto mensile** | **Importo rata 1° prestito** | **Importo rata 2° prestito** |
|---|---|---|
| € 1.200 | - € 200 | = € 300 |

**Cos'è l'affidabilità creditizia**

Un ulteriore criterio che le banche utilizzano per la valutazione della nostra richiesta di prestito è la nostra affidabilità creditizia, ossia la nostra capacità di rimborsare le rate del prestito che la banca dovesse eventualmente accordarci. Per verificare la nostra affidabilità creditizia gli istituti di credito si basano sulle informazioni fornite loro dalla Centrale Rischi.

Se la nostra storia creditizia è immacolata, ossia non vi sono stati ritardi nei rimborsi di precedenti finanziamenti, oppure insoluti, pignoramenti o protesti, allora la probabilità che la nostra richiesta di finanziamento venga accettata dalla banca sarà elevata, in quanto per il sistema bancario saremo considerati soggetti affidabili.

Oltre ai criteri di valutazione creditizia precedentemente esposti, ossia il credit scoring, il rapporto rata/reddito e la capacità di rimborso puntuale, in fase di istruttoria le banche possono utilizzare ulteriori criteri di analisi e di approfondimento della nostra richiesta di prestito. Questi criteri possono essere i più vari e comunque sono diversi da banca a banca. Infatti, proprio in virtù dei differenti criteri di valutazione può capitare, ad esempio, che una stessa domanda di prestito con le medesime caratteristiche di importo, durata e rata venga rifiutata dalla nostra banca e successivamente approvata da una finanziaria o da un altro istituto di credito.

Questa è una esperienza negativa da evitare ed è proprio per questo che consiglio di seguire attentamente i consigli pratici di questo ebook, proprio per non farvi dire di no dalle banche.

Un altro comportamento che consiglio di evitare è quello di proporre la richiesta di prestito, contemporaneamente, in più istituti di credito o finanziarie. In questo modo non aumenterete affatto le probabilità di ottenere il finanziamento e ciò per un semplice motivo: al momento della richiesta di prestito dovremo compilare un modulo inserendo i nostri dati e autorizzando la banca o la finanziaria al trattamento dei nostri dati personali (la cosiddetta autorizzazione alla privacy).

Con la sottoscrizione della privacy, autorizziamo la banca o la finanziaria a immettere il nostro nominativo nel circuito del Sistema di Informazioni Creditizie, il cosiddetto **SIC**, utilizzato da tutto il sistema bancario per verificare la nostra storia finanziaria e la nostra affidabilità creditizia.

Pertanto, se all'esito di questa prima verifica dovesse risultare che nel SIC vi sono più richieste di prestito a nostro nome, questo costituirà un potente deterrente per le banche a non concederci il prestito in quanto, con il nostro comportamento, *avremo manifestato un atteggiamento sospetto oltre che scorretto.*

Per la banca sarete considerati clienti non affidabili in quanto le vostre molteplici richieste di prestito potrebbero essere state preordinate al solo fine di incassare quanto più denaro possibile, con l'intenzione di non onorare poi nessun prestito.

**SEGRETO n. 5: istituti di credito e finanziarie possono consultare le banche dati solo nel caso in cui il cliente ha sottoscritto la dichiarazione di consenso al trattamento dei dati personali (consenso privacy).**

**Come le banche utilizzano i Sistemi di Informazioni Creditizie**

I SIC sono banche dati attraverso le quali sia le banche sia gli intermediari finanziari si scambiano informazioni sui finanziamenti richiesti ed erogati ai loro clienti, al fine di contenere i rischi di eventuali default.

Pertanto, le informazioni creditizie vengono consultate dalle banche al momento dell'istruttoria della pratica di un finanziamento, proprio per valutare il merito di credito di un soggetto e verificarne, ad esempio, la puntualità o il ritardo nel pagamento delle rate di precedenti prestiti o di altri in corso, oppure per sapere se, contestualmente alla pratica in istruttoria, il potenziale cliente ha già richiesto lo stesso prestito a più istituti di credito o finanziarie.

Le banche dati attualmente più consultate dalle banche sono:

- la Crif SpA;
- la Centrale Rischi della Banca d'Italia (CR Bankitalia) per operazioni di importi superiori ai 75.000 euro;
- il CTC (Consorzio Tutela del Credito);
- Experian S.p.A.

RIEPILOGO DEL CAPITOLO 1:

- SEGRETO n. 1: oggi possiamo scegliere tra il classico finanziamento in banca, la richiesta fatta personalmente via web o il ricorso al consulente finanziario di fiducia.
- SEGRETO n. 2: un buon biglietto da visita è quello di presentarsi in banca fissando un appuntamento e portando con sé tutta la documentazione necessaria per presentare la richiesta di finanziamento.
- SEGRETO n. 3: le banche utilizzano diversi criteri di valutazione del credito e, per chi chiede un prestito, è fondamentale conoscerne i parametri per avere maggiori possibilità di successo.
- SEGRETO n. 4: la mancata attribuzione del punteggio di credit scoring alla nostra richiesta di prestito può essere superata mediante il ricorso al microcredito finalizzato.
- SEGRETO n. 5: istituti di credito e finanziarie possono consultare le banche dati solo nel caso in cui il cliente ha sottoscritto la dichiarazione di consenso al trattamento dei dati personali (consenso privacy).

# CAPITOLO 2:
## Come comportarsi prima della firma del contratto

Nel capitolo precedente abbiamo imparato il metodo migliore per presentarci in banca, per superare eventuali imprevisti e, soprattutto, per evitare di commettere quegli errori che potrebbero compromettere il buon esito dell'istruttoria. Abbiamo imparato il miglior metodo per non farsi dire di *no* dalle banche.

Se passo dopo passo siamo stati attenti e scrupolosi nel seguire questi consigli, probabilmente la banca avrà approvato la nostra richiesta di prestito: a questo punto mancherà solo la nostra firma sul contratto.

Ma prima di procedere con l'apposizione delle nostre firme è consigliabile non avere fretta, trattandosi di una fase molto delicata poiché occorre verificare attentamente alcuni elementi fondamentali del contratto.

La prima cosa di cui accertarsi è la *corrispondenza tra quanto preventivato dalla banca in sede di istruttoria* e quello che *realmente essa è disposta a offrire*.

Inoltre, occorre sempre verificare non solo l'esattezza del netto erogato, ma anche l'importo della rata e la durata del prestito: insomma, tutto deve corrispondere a quanto precedentemente concordato in sede di preventivo. Nel caso in cui il contratto dovesse riportare delle inesattezze nei dati personali o incongruenze nelle cifre, fatelo sempre presente al direttore o al funzionario della banca. *Chiedete sempre spiegazioni* e, se non siete conviti delle condizioni offerte, rifiutate di firmare il contratto. Nessuno vi può obbligare a farlo.

Se tutto corrisponde – importo netto, rata e durata – probabilmente non ci saranno particolari sorprese nel contratto e possiamo procedere con la firma.

In ogni caso, per stare veramente tranquilli, occorre *imparare a leggere il contratto di prestito* nonché a comprendere e saper distinguere le varie voci di cui esso è composto come il TAN, il

TAEG o (ISC), le spese accessorie, le spese assicurative e il piano di ammortamento.

**SEGRETO n. 6: prima di sottoscrivere il contratto di finanziamento è buona norma verificare che tutte le condizioni pattuite in sede istruttoria siano state rispettate dalla banca.**

Ma vediamo in concreto quali sono i passaggi successivi all'approvazione della nostra richiesta di finanziamento.

La banca predispone un contratto di finanziamento che dovrà essere **redatto per iscritto** almeno in **duplice copia**: una copia verrà trattenuta dallo stesso istituto di credito e l'altra ci verrà consegnata al momento della sottoscrizione.

Generalmente, il contratto è suddiviso in due parti. In quella **frontale** troveremo riportate le seguenti informazioni:

- dati anagrafici del richiedente;
- dati personali del richiedente;
- dati relativi all'abitazione del richiedente;

- dati relativi all'occupazione del richiedente;
- dati relativi alla modalità di pagamento (di solito RID bancario);
- dati relativi a eventuali garanti o coobbligati.

Invece, sul **retro** del contratto troveremo riportato quanto segue:

- condizioni generali che disciplinano il finanziamento;
- obblighi da parte del richiedente;
- indicazione dell'estinzione anticipata: quindi calcolo della penale applicata in caso di estinzione del debito residuo;
- condizioni generali in caso di ritardato o mancato pagamento e indicazione di tutte le sanzioni applicate;
- decadenza del beneficio del termine in tutte le sue tipologie;
- cessione del contratto a società terze;
- estratto conto delle condizioni generali sulle coperture assicurative;
- informativa sul trattamento dei dati (come stabilito dalla legge sulla privacy) e quindi indicazione degli istituti presso i quali i dati verranno trasferiti in fase di analisi della richiesta di finanziamento e dall'ente stesso.

A questo punto, dopo aver controllato l'esattezza delle informazioni che ci riguardano personalmente, che di solito sono riportate nella parte frontale del contratto, possiamo esaminare più da vicino le singole voci di cui è composto, a cui dobbiamo prestare particolarmente attenzione.

La prima di queste voci, che troveremo scritte in forma di percentuale, è il **TAN** (Tasso Annuo Nominale), che corrisponde al tasso di interesse annuo che la banca applica al finanziamento erogato. Questa voce, però, ci indica solamente gli interessi che dobbiamo restituire, ma non indica il costo complessivo del finanziamento, proprio perché in esso non sono comprese tutte le spese del contratto.

Sicuramente più importante e, di conseguenza, meritevole di particolare attenzione è la voce indicata come **TAEG** (Tasso Annuo Effettivo Globale), comunemente anche indicato con la sigla **ISC** (Indice Sintetico di Costo). Essa ci indica il costo effettivo del finanziamento, ossia la somma complessiva che dovremo restituire al termine del prestito, in quanto comprende non solo gli interessi, ma anche le spese accessorie che incidono non poco sul costo finale del finanziamento. Anche in questo caso, il tasso è espresso in percentuale.

A questo punto occorre individuare il **TEGM** (Tasso Effettivo Globale), ossia verificare che il tasso di interesse applicato dalla banca al nostro prestito *non superi le soglie del tasso per usura*, espressamente vietato dalla legge. Tutte le banche e le finanziare sono obbligate a esporre un prospetto informativo sui tassi soglia aggiornati: si tratta del tasso di interesse pubblicato ogni tre mesi dal Ministero dell'Economia e delle Finanze, così come previsto dalla legge sull'usura.

Quindi, individuato il TEGM relativo al nostro prestito personale, occorre *aumentarlo della metà per verificare che quanto richiesto dalla banca non sia superiore.*

Verificato che tutto è in regola, possiamo passare a esaminare le **spese**. Nel contratto possiamo trovare diverse voci di spesa, ognuna con un suo importo, che sommate tutte insieme possono incidere pesantemente sul costo effettivo del nostro prestito. È dunque importante imparare a conoscerle, anche perché ci potrebbe consentire di trattare con la banca o con la finanziaria per ottenere una riduzione del costo di tali spese.

**SEGRETO n. 7: al momento di sottoscrivere il contratto controllate la percentuale del TAN e del TAEG, ma soprattutto verificate che quella espressa nel TEGM non superi le soglie del tasso di usura.**

Ma esaminiamo nel dettaglio le voci di spesa più importanti contenute in un contratto di prestito.

La prima voce di spesa sarà sicuramente quella per *l'istruttoria della pratica di finanziamento*: in genere questa spesa rappresenta circa l'1% della somma complessiva finanziata, il cui importo viene solitamente trattenuto dalla banca, in un'unica soluzione, al momento dell'effettiva erogazione del prestito.

Tra le altre voci, occorre prestare particolare attenzione alla *spesa di incasso rata*: quando noi scegliamo il RID, ossia l'addebito automatico in conto corrente, come forma di pagamento del prestito, queste spese ci verranno addebitate mensilmente dalla banca in aggiunta alla rata del prestito. In ogni caso, se la banca che ha erogato il prestito è la stessa dove il richiedente è intestatario del conto corrente, allora *queste spese risulteranno ridotte o praticamente azzerate*.

Se, viceversa, il finanziamento è stato erogato da un istituto di credito diverso da quello dove operiamo con il nostro conto corrente, le spese di incasso rata possono incidere anche pesantemente sul costo complessivo del finanziamento. Infatti, alcune banche o finanziarie addebitano al cliente fino a 6-8 euro di spese mensili per ogni incasso della rata del prestito. Basterà moltiplicare questa singola voce di spesa per il numero delle rate totali del prestito per accorgersi che si tratta di un costo non proprio irrilevante. Ecco un esempio:

| **Numero rate prestito** | **Spesa per incasso rata mensile di € 6** | **Spesa per incasso rata mensile di € 8** |
|---|---|---|
| 36 | € 216 | € 288 |
| 48 | € 288 | € 384 |
| 60 | € 360 | € 480 |

In quest'ultimo caso vi consiglio di chiedere, già in fase istruttoria di erogazione del prestito, al funzionario della banca o della finanziaria alla quale vi siete rivolti di quantificarvi il costo mensile di queste spese e, se lo riterrete eccessivo, di provare a trattare una riduzione del costo di questa voce di spesa. In ogni caso sarebbe opportuno *concordare con la banca erogante di non avere alcun costo* per l'incasso mensile della rata del prestito.

Un altro costo importante di cui tenere conto al momento della sottoscrizione del contratto di finanziamento è quello relativo alle *spese assicurative*. Preme evidenziare che la sottoscrizione dell'assicurazione non è obbligatoria in quanto, per legge, viene lasciata facoltà a chi chiede il prestito di sottoscriverla o meno.

Il mio consiglio è comunque quello di *sottoscrivere la polizza assicurativa* che vi viene proposta dalla banca in allegato al contratto di finanziamento. E ciò per due importanti ragioni:

- la prima è che la banca, con la sottoscrizione anche della polizza assicurativa, si sentirà meglio garantita e tutelata in caso di eventi particolari che possono incidere sulla vita del debitore e, quindi, per una migliore tutela del credito;

- la seconda ragione è dovuta al fatto che, con la sottoscrizione della polizza, anche noi ci mettiamo al riparo da eventi pregiudizievoli e imprevisti che possono incidere negativamente sia sulla nostra capacità di rimborso del prestito che sulla nostra vita di relazione: si immagini, ad esempio, un infortunio che determina un'inabilità temporanea o totale al lavoro, oppure un licenziamento che determina la perdita del posto di lavoro.

Probabilmente, già in fase di istruttoria della pratica di finanziamento, il funzionario della banca vi metterà al corrente che la sottoscrizione anche di una polizza assicurativa non è obbligatoria, ma che sottoscrivendola aumenterete in modo esponenziale le possibilità di ottenere un esito positivo alla richiesta di credito.

In genere le polizze che vengono fatte sottoscrivere al cliente sono adatte a coprire ogni evento pregiudizievole per il debitore e comprendono sia la *polizza sulla vita*, che quella *per inabilità temporanea o totale dal lavoro* nonché per la perdita del posto di lavoro.

È evidente che il costo complessivo di tutte queste polizze non sarà indifferente ma, in ogni caso, se vorremo ridurre tali spese potremmo sempre chiedere al funzionario di banca (sempre in fase di istruttoria della pratica di finanziamento) di limitare la nostra copertura assicurativa solo alle polizze per inabilità temporanea o totale dal lavoro e a quella per la perdita del posto di lavoro.

**SEGRETO n. 8: il costo delle polizze assicurative potrebbe essere consistente ma ci pone al riparo da tutti gli eventi che potrebbero incidere sulla nostra capacità di produrre reddito.**

Infine, tra le varie voci di spesa, un approfondimento a parte meritano quelle relative all'**estinzione anticipata** del contratto di finanziamento. Innanzitutto preme sottolineare che tutti i prestiti, di qualunque natura essi siano – personali, al consumo, cessioni del quinto – possono essere estinti prima della scadenza pattuita mediante il pagamento del capitale residuo, degli interessi già maturati e della penale di estinzione anticipata (che, per legge, non può superare l'1% del capitale residuo) mentre non saranno dovuti gli interessi futuri, non ancora maturati.

In ogni caso, prima di procedere con l'estinzione anticipata è buona norma farsi rilasciare dalla banca il cosiddetto **conteggio estintivo** nel quale sono indicate analiticamente tutte le voci di spesa che compongono il prestito, nonché l'importo esatto dovuto e la data entro la quale estinguere il debito.

Decisamente di minore importanza sono *le spese per l'invio dell'estratto conto* e le eventuali *spese extra*. Nel primo caso, la banca che ha erogato il prestito ha l'obbligo, per legge, di inviare annualmente, con costo a carico del cliente, l'estratto conto dove riassume al cliente la sua posizione debitoria. Per quanto riguarda invece le cosiddette spese extra, queste sono meramente eventuali e sono dovute all'eventuale dell'apertura, presso la filiale della banca che ha concesso il prestito, di un nuovo conto corrente i cui costi di gestione saranno, naturalmente, a carico del cliente.

Nella successiva tabella si riporta l'**elenco** delle **spese** e i relativi **importi** sia per la stipula del contratto di finanziamento che per la sua gestione.

Si tratta di importi meramente indicativi che ritengo, però, che possano costituire una valida base di informazione per capire se le spese che sono state riportate nel contratto di finanziamento possano ritenersi eque oppure eccessive.

La fonte normativa cardine è l'art. 118 del Testo Unico Bancario che regolamenta i presupposti per le modifiche unilaterali delle condizioni contrattuali da parte delle banche. In ogni caso, occorre tenere presente che le imposte di bollo sono quelle indicate nelle ultime Leggi Finanziarie, mentre le altre spese possono variare da banca a banca, purché vengano indicate nel foglio informativo.

Pertanto, preme ribadire che, a esclusione delle imposte fisse dovute allo stato – che generalmente vengono incassate dalla banca con il pagamento della prima rata – le altre spese, come ad esempio le spese per l'istruttoria, l'incasso rata e le spese assicurative, vengono determinate in piena autonomia dalla banca stessa. Basterà quindi un semplice confronto tra i vari prospetti informativi per determinare quale istituto bancario offre le condizioni migliori anche in termini di minori spese.

| SPESE PER LA STIPULA DEL CONTRATTO E PER LA GESTIONE DEL RAPPORTO | |
|---|---|
| **Oneri fiscali a carico del cliente** | • Imposta di bollo di € 14,62 sui contratti con durata fino a 18 mesi.<br>• Imposta sostitutiva dello 0,25% dell'importo finanziato sui contratti con durata superiore a 18 mesi.<br>• Imposta di bollo di € 1,81 su tutte le comunicazioni ai clienti, se previsto. |
| **Spese di istruttoria pratica** | Massimo € 300 se previste dal contratto. |
| **Spese di incasso rata** | Nessun costo per singolo incasso mediante bollettini di conto corrente postale o con prelievo automatico su conto corrente bancario (RID). |
| **Indennità per estinzione anticipata** | 1% del capitale residuo. |
| **Costo per comunicazioni periodiche** | € 1,21 per comunicazione. |
| **Premio per eventuale assicurazione facoltativa sul credito** | • Massimo del 7% della rata mensile.<br>• Massimo del 4,90% dell'importo richiesto, per finanziamenti con più fasi di rimborso. |

Nel caso in cui ci rendiamo inadempienti nei confronti della banca o della finanziaria, saremo tenuti al pagamento di ulteriori costi aggiuntivi al finanziamento.

| COSTI IN CASO DI INADEMPIENZE | |
|---|---|
| **Indennità per ritardato pagamento** | 10% calcolato sulle mensilità scadute e non pagate. |
| **Penale per decadenza dal beneficio del termine** | 10% sul capitale residuo risultante dovuto. |
| **Tasso di interesse di mora** | 14,60% annuo (applicato a seguito di decadenza dal beneficio del termine). |

**SEGRETO n. 9: controllate tutte le spese indicate nel contratto perché, complessivamente, possono incidere pesantemente sul costo del finanziamento.**

## Come utilizzare il piano di ammortamento alla francese

Dopo avere esaminato nello specifico tutti gli elementi più importanti del contratto di finanziamento, occorre fare un ultimo sforzo che ci permetta di capire e leggere il piano di ammortamento alla francese, che verrà allegato al contratto e che dovremo sottoscrivere per accettazione.

Il più comune piano di ammortamento utilizzato nei finanziamenti è quello a **rata costante**, detto anche piano di ammortamento alla francese.

Questa modalità di rimborso prevede che vengano pagate rate di uguale importo per tutta la durata del finanziamento: le rate costanti sono composte da una quota di capitale crescente e da una quota di interessi decrescenti.

Questo piano di ammortamento, grazie al rimborso più lento del capitale, consente alle banche di incassare un totale di interessi maggiore rispetto a un piano di ammortamento classico. Esaminando un qualsiasi piano di ammortamento alla francese si nota che *la quota interessi prevale nella prima metà del prestito*, mentre per la restante durata prevale la quota capitale. Pertanto, l'estinzione anticipata del prestito sarà sempre più conveniente nei primi anni, dove è prevalente la quota interessi.

**SEGRETO n. 10: il piano di ammortamento alla francese ci permette di controllare sia l'ammontare degli importi ancora dovuti alla banca sia l'esattezza del conteggio estintivo.**

Ipotizziamo un piano di ammortamento alla francese che abbia le seguenti caratteristiche per importo erogato, numero di rate mensili e tasso di interesse:

| Importo erogato | Numero rate mensili | Tasso di interesse |
|---|---|---|
| € 3.000 | 12 | 9% |

Avremo così ottenuto un piano di ammortamento che indica i seguenti importi:

| Totale rata mensile | Totale interessi passivi | Capitale + Interessi |
|---|---|---|
| 262,35 | 148,25 | 3.148, 25 |

| MESI | RATA INTERESSI | RATA CAPITALE | TOTALE RATA | CAPITALE RIMBORSATO | DEBITO RESIDUO | INTERESSI PAGATI |
|---|---|---|---|---|---|---|
| | | | | 0 | 3.000,00 | 0 |
| 1 | 22,50 | 239,85 | 262,35 | 239,85 | 2.760,15 | 22,50 |
| 2 | 20,70 | 241,65 | 262,35 | 481,51 | 2.518,49 | 43,20 |
| 3 | 18,89 | 243,47 | 262,35 | 724,97 | 2.275,03 | 62,09 |
| 4 | 17,06 | 245,29 | 262,35 | 970,27 | 2.029,73 | 79,15 |
| 5 | 15,22 | 247,13 | 262,35 | 1217,40 | 1.782,60 | 94,38 |
| 6 | 13,37 | 248,98 | 262,35 | 1466,38 | 1.533,62 | 107,75 |
| 7 | 11,50 | 250,85 | 262,35 | 1717,23 | 1.282,77 | 119,25 |
| 8 | 9,62 | 252,73 | 262,35 | 1969,97 | 1.030,03 | 128,87 |
| 9 | 7,73 | 254,63 | 262,35 | 2224,60 | 775,40 | 136,59 |
| 10 | 5,82 | 256,54 | 262,35 | 2481,14 | 518,86 | 142,41 |
| 11 | 3,89 | 258,46 | 262,35 | 2739,60 | 260,40 | 146,30 |
| 12 | 1,85 | 260,40 | 262,35 | 3000,00 | 0,00 | 148,25 |

RIEPILOGO DEL CAPITOLO 2:

- SEGRETO n. 6: al momento di sottoscrivere il contratto di finanziamento è buona norma verificare che tutte le condizioni pattuite in sede istruttoria siano state rispettate dalla banca.
- SEGRETO n. 7: prima di sottoscrivere il contratto controllate la percentuale del TAN e del TAEG, ma soprattutto verificate che quella espressa nel TEGM non superi le soglie del tasso di usura.
- SEGRETO n. 8: il costo delle polizze assicurative potrebbe essere consistente ma ci pone al riparo da tutti gli eventi che potrebbero incidere sulla nostra capacità di produrre reddito.
- SEGRETO n. 9: controllate tutte le spese indicate nel contratto perché, complessivamente, possono incidere pesantemente sul costo del finanziamento.
- SEGRETO n. 10: il piano di ammortamento alla francese ci permette di controllare sia l'ammontare degli importi ancora dovuti alla banca sia l'esattezza del conteggio estintivo.

# CAPITOLO 3:

# Come difendersi dalle banche

## Come estinguere il prestito prima della sua scadenza

Prima di tutto occorre evidenziare che qualunque sia la forma di prestito che abbiamo contratto con la banca, che esso corrisponda al prestito personale, al prestito al consumo o alla cessione del quinto, la legge ci consente il diritto di esercitare, in qualsiasi momento, la facoltà di estinzione anticipata del finanziamento.

Ma è sempre conveniente estinguere anticipatamente il finanziamento? Non sempre lo è! Infatti, per evitare di rimetterci troppo a livello economico, occorre innanzi tutto verificare il piano di ammortamento alla francese allegato alla copia del nostro contratto di prestito.

Infatti, come abbiamo visto nel precedente capitolo, nelle prime rate la banca include maggiori interessi passivi e poco capitale mentre, procedendo nel pagamento del prestito, si arriva verso la fine quando si hanno pochi interessi passivi e molto capitale residuo.

È quindi opportuno chiedere l'estinzione anticipata del prestito durante i primi anni del contratto e comunque *non oltre il termine di due terzi del periodo di finanziamento*, oltre il quale la rescissione anticipata praticamente non ha senso.

**Come procedere**

La prima cosa da fare sarà indirizzare alla banca, tramite Raccomandata con ricevuta di ritorno, la *richiesta di rilascio del conteggio estintivo* del nostro finanziamento. Nella missiva dovremo avere l'accortezza di indicare, oltre ai nostri dati personali, anche il numero del contratto di finanziamento che vogliamo estinguere. Ciò permetterà una più celere risposta da parte della banca e si eviterà anche di incorrere in spiacevoli contrattempi: si pensi al caso in cui sono stati sottoscritti due o più prestiti con la stessa banca: *quali tra questi si vuole estinguere?*

In ogni caso, se abbiamo particolarmente fretta di estinguere il prestito, potremo sempre recarci nella sede della filiale della banca o della finanziaria presso la quale abbiamo acceso il prestito e chiedere, personalmente, che ci venga rilasciato il conteggio estintivo. Ecco di seguito una **lettera facsimile** con cui chiedere alla banca il conteggio estintivo del prestito.

Nome/Cognome
Via
CAP Luogo

Raccomandata a/r

Spett.le
Società finanziaria
Via
CAP Luogo

Oggetto: contratto di finanziamento n. ________________

Con la presente sono a comunicarVi la mia intenzione di voler estinguere anticipatamente il contratto di finanziamento in corso n.___________

Resto in attesa di ricevere il vostro conteggio estintivo con l'indicazione dell'importo complessivo che dovrò, nonché le modalità e il termine ultimo per adempiere.

Distinti saluti
(luogo e data)

Firma____________________________________

**SEGRETO n. 11: tutti i finanziamenti, di qualunque natura siano (prestito personale, prestito al consumo, cessione del quinto, mutuo casa), possono essere estinti anticipatamente.**

Dopo aver ricevuto la Raccomandata con la richiesta di estinzione anticipata, la banca o la finanziaria saranno tenute, per legge, a rilasciarvi un documento, il conteggio estintivo, nel quale sarà indicata *la somma che dovrete pagare per chiudere totalmente il debito.*

Il calcolo prenderà in considerazione il capitale residuo, maggiorato degli interessi già maturati, ma scorporato degli interessi futuri e non ancora corrisposti, così come evidenziato nel piano di ammortamento che avete sottoscritto. A questa somma verrà aggiunta la *penale di estinzione che è pari all'1% del capitale residuo.*

Ricevuto il conteggio estintivo, occorrerà poi verificare la correttezza dell'importo richiesto dalla banca (secondo quanto riportato sia nel contratto di finanziamento sia nel piano di ammortamento che avete sottoscritto). *Se il conteggio riporterà esattamente quanto dovuto*, si potrà procedere con l'estinzione anticipata del prestito mediante un bonifico bancario, nella cui causale bisognerà indicare che trattasi di estinzione anticipata del prestito, riportando sempre il numero del contratto che si intende estinguere e facendo attenzione, altresì, a rispettare il termine per effettuare il bonifico, stabilito nel conteggio estintivo.

Una volta eseguito il bonifico dovremo inviarne una copia alla banca che ha erogato il prestito chiedendo, contestualmente, il rilascio della **liberatoria** nella quale è espressamente riportato che il prestito è stato estinto.

**SEGRETO n. 12: il conteggio estintivo, il piano di ammortamento, il bonifico e la liberatoria rilasciata dalla banca sono gli elementi che caratterizzano una corretta estinzione anticipata del finanziamento.**

Ecco di seguito una lettera **facsimile** con cui comunicare alla banca l'avvento versamento della somma dovuta per l'estinzione anticipata del prestito.

Nome/Cognome
Via
CAP Luogo

Raccomandata a. r.

Spett.le
Società finanziaria
Via
CAP Luogo

Oggetto: contratto di finanziamento n.________________

Comunicazione di avvenuta estinzione anticipata del debito
In relazione a Vs. comunicazione dd.______________ (oppure) Vi informo che ho provveduto in data odierna a bonificarvi l'importo comunicatomi, pari a euro _________, quale corrispettivo per l'estinzione anticipata del contratto in oggetto.
Allego alla presente copia del relativo bonifico da me eseguito.
Il contratto in oggetto deve ritenersi pertanto estinto a tutti gli effetti. Vi faccio inoltre presente che la mia banca procederà allo storno dell'eventuale Vs. richiesta di pagamento dell'importo dell'ultima rata il cui pagamento era previsto per il_____________ e che dovesse essere eventualmente in corso. Nell'importo di cui sopra è, infatti, già incluso anche l'importo di detta rata.
Rimango in attesa di Vs. conferma scritta riguardo la corretta ricezione del bonifico stesso, facendovi presente che, in mancanza di tale conferma o di Vs. ulteriori comunicazioni scritte a riguardo, trascorsi dieci giorni dalla ricezione della presente, la questione si deve comunque intendere definita a tutti gli effetti di legge.

Distinti saluti
(luogo e data)

Firma____________________________________

**Come difendersi dalle banche: il reclamo all'Arbitro Bancario Finanziario e al Conciliatore Bancario Finanziario**

L'Arbitro Bancario Finanziario (ABF) è un nuovo «sistema di risoluzione stragiudiziale delle controversie» attivo dal 15 ottobre 2009. Per approfondire l'argomento è possibile collegarsi direttamente al sito www.arbitrobancariofinanziario.it. Ma vediamo ora in dettaglio quando presentare reclamo e quali regole seguire.

Innanzitutto bisogna premettere che, in base alle **regole di trasparenza** imposte alle banche, al cliente devono essere fornite tutte le informazioni sulle possibilità e sulle modalità per presentare reclami e per ricorrere a sistemi stragiudiziali di risoluzione delle controversie. Queste informazioni devono essere presenti in vari documenti di trasparenza, come il documento sui "Principali diritti del cliente" o i "Fogli informativi".

Il **reclamo** deve essere presentato con Raccomandata con avviso di ricevimento, fax o posta elettronica certificata e la banca, entro il termine perentorio di 30 giorni, deve fornire *risposta*. Per i reclami ritenuti fondati, o anche parzialmente fondati, la risposta fornita dalla banca deve contenere non solo le iniziative o le offerte, ma anche i tempi entro i quali la stessa banca si obbliga a adempiere. In ogni caso, deve trattarsi di un termine non superiore ai 30 giorni. Se, viceversa, la banca dovesse ritenere infondato il reclamo, dovrà comunque fornire delle motivazioni chiare ed esaurienti.

All'Arbitro Bancario Finanziario possono essere sottoposte tutte le controversie aventi per oggetto *l'accertamento di diritti, obblighi e facoltà*, indipendentemente dal valore del rapporto al quale si riferiscono.

Nel caso in cui il reclamo dovesse riguardare la corresponsione di una somma di denaro, *è stato fissato un limite massimo di 100.000 euro* per poter ricorrere all'Arbitro Bancario Finanziario.

Se il reclamo riguarda il credito al consumo, rientra sempre nella competenza dell'Arbitro Bancario Finanziario.

Non possono, invece, essere sottoposte all'Arbitro Bancario Finanziario le questioni:

- di *risarcimento danni*, che non siano conseguenza diretta dell'inadempimento o della violazione dell'intermediario;
- *relative a beni materiali o a servizi diversi da quelli bancari e finanziari* oggetto del contratto tra il cliente e la banca, ovvero di contratti a esso collegati;
- relative alle *forniture connesse a crediti commerciali* ceduti nell'ambito di operazioni di factoring;
- *anteriori al 1° gennaio 2007*;
- per le quali sia intervenuta la prescrizione.

**Come funziona il procedimento davanti all'Arbitro Bancario Finanziario**

Dopo le necessarie premesse, vediamo come funziona in concreto il procedimento innanzi all'ABF. A tale riguardo, preme evidenziare subito che questo procedimento è molto semplice e può quindi essere promosso anche senza l'assistenza di un'associazione di categoria o di un professionista.

Il ricorso – per il quale la Banca d'Italia ha predisposto un apposito modulo da compilare (potete scaricare il modello qui) – va presentato entro 30 giorni dal rigetto o dalla mancata risposta al reclamo presentato alla banca, e non potrà essere più presentato una volta decorsi 12 mesi dalla data di invio.

Una *copia del ricorso*, con le modalità previste per l'acquisizione della data certa, ossia con Raccomandata, fax o posta certificata, viene inviata anche alla banca. Quest'ultima, una volta ricevuta la copia del ricorso, ha 30 giorni di tempo per inviare all'arbitro le sue deduzioni e ulteriori 15 giorni se l'invio avviene tramite un'associazione di categoria.

A questo punto, *entro 60 giorni*, l'Arbitro Bancario Finanziario *dovrà pronunciarsi*, salvo il caso in cui concede una sospensione di ulteriori 60 giorni qualora vengano richiesti alle parti ulteriori elementi utili per la decisione.

Per chi ricorre, questa procedura è praticamente a costo zero poiché è previsto solo il *pagamento di una piccola somma (20 euro)*, comunque rimborsabile in caso di accoglimento totale o parziale del ricorso. Nel caso di accoglimento totale o parziale del ricorso, invece, alla banca *verrà addebitato il costo di 200 euro*.

In ogni caso, la decisione dell'ABF potrà essere di rigetto o di accoglimento (totale o parziale) e potrà contenere la condanna della banca a eseguire quanto in essa stabilito entro il termine prefissato o, in mancanza, entro 30 giorni.

L'Arbitro Bancario Finanziario è formato da collegi ciascuno dei quali è composto da cinque membri così designati:

- il presidente e due membri di nomina Banca d'Italia;
- un componente nominato dall'associazione degli intermediari;
- un componente nominato dalle associazioni che rappresentano i clienti (associazioni di consumatori o di categoria).

Di seguito, un elenco dei collegi attualmente in funzione ai quali si potrà fare ricorso in base al proprio domicilio:

- **Milano** – Competente per i ricorsi presentati dai clienti domiciliati (domicilio eletto nel ricorso) in Emilia-Romagna, Friuli Venezia Giulia, Liguria, Lombardia, Piemonte, Trentino Alto Adige, Valle d'Aosta e Veneto. Segreteria tecnica: via Cordusio 5, 20123 Milano. Tel. 02 7242424; fax 02 72424472; email: milano.abf.segreteriatecnica@bancaditalia.it (solo per richiesta chiarimenti).

- **Roma** – Competente per ricorsi presentati dai clienti domiciliati in Abruzzo, Lazio, Marche, Sardegna, Toscana e Umbria. Segreteria tecnica del collegio: via XX Settembre 97/e, 00187 Roma. Tel. 06 4792 9235; fax 06 4792 94208; email: roma.sede.segtecnica@bancaditalia.it (solo per richiesta chiarimenti).
- **Napoli** – Competente per i ricorsi presentati dai clienti domiciliati in Basilicata, Calabria, Campania, Molise, Puglia e Sicilia. Segreteria tecnica del collegio: via Miguel Cervantes 71, 7180133 Napoli. Tel. 081 7975350; fax: 081 7975355; email napoli.abf.segreteriatecnica@bancaditalia.it (solo per richiesta chiarimenti).

Per verifiche sui recapiti, consultare questa pagina web. In ogni caso, se queste sedi sono troppo distanti dal vostro domicilio potrete sempre presentare ricorso anche presso le varie filiali della Banca d'Italia.

**Come presentare il reclamo al Conciliatore Bancario Finanziario**

Il Conciliatore Bancario Finanziario (CBF) è un'associazione che dà la possibilità di poter risolvere, in tempi brevi, le controversie sorte tra le banche e la loro clientela, senza ricorrere alla magistratura.

Ferma restando la possibilità di rivolgersi inizialmente all'**Ufficio reclami** della banca, attraverso il ricorso al Conciliatore Bancario Finanziario si potranno seguire tre strade per giungere alla soluzione stragiudiziale della controversia tra cliente e banca:

- richiedendo il servizio di **conciliazione**, per raggiungere un accordo tra le parti – qualunque sia il valore del contenzioso – con l'intervento di un esperto indipendente (il conciliatore);
- richiedendo l'attivazione dell'**arbitrato**, diretto a chiudere la controversia con l'intervento di un esperto (l'arbitro), cui viene affidato il compito di giudicare;
- ricorrendo all'Ombudsman-Giurì bancario – per chiedere una decisione nei confronti di una banca o di un intermediario finanziario per questioni fino a 50 mila euro.

Potete rivolgervi al Conciliatore Bancario Finanziario con sede a Roma, via delle Botteghe Oscure 54.

**SEGRETO n. 13: oggi è possibile difendersi dalle banche in via stragiudiziale attraverso l'utilizzo del reclamo all'Arbitro Bancario Finanziario o al Conciliatore Bancario.**

## Come farsi cancellare dalla CRIF S.p.A.

Come già anticipato nei precedenti capitoli di questo ebook le banche, nel corso dell'istruttoria della pratica di finanziamento, verificano l'esistenza dei nostri dati finanziari mediante l'accesso al SIC (Sistemi di Informazioni Creditizie).

Mediante la sottoscrizione del modulo privacy, noi autorizziamo la banca ad accedere al sistema banche dati creditizio: in questo modo la banca potrà valutare la puntualità o il ritardato pagamento di una o più rate di un finanziamento in corso oppure l'esistenza di altre nostre richieste di prestito presentate presso altri istituti di credito o finanziarie.

È del tutto evidente che da queste informazioni dipenderà l'esito, positivo o negativo, della nostra richiesta di prestito.

Infatti, nel caso in cui la banca *non riscontri segnalazioni pregiudizievoli* nei nostri confronti e verifichi che la vostra capacità di rimborso del prestito è in linea con la propria politica di credito, ciò influirà positivamente sull'approvazione del finanziamento.

Ma cosa accade se la banca, nel verificare le informazioni creditizie che ci riguardano, riscontra una segnalazione di ritardo nel pagamento di una o più rate di un precedente finanziamento, oppure che siamo in una situazione di default finanziario (ossia non siamo più stati in grado di onorare il precedente prestito)?

In questo caso la banca *rifiuterà di concederci il finanziamento* in quanto saremo considerati **cattivi pagatori** e, di conseguenza, soggetti finanziariamente non affidabili.

Questa situazione negativa da "cattivo pagatore" potrà risolversi solo con il trascorrere del tempo in quanto tutte le informazioni personali finanziarie raccolte dalle banche dati non potranno essere conservate nei loro archivi se non per un periodo di tempo prestabilito; trascorso tale termine tutte le informazioni, siano esse positive o negative, dovranno essere **cancellate** definitivamente dal sistema.

**SEGRETO n. 14: tutte le informazioni personali finanziarie, trascorso il tempo prestabilito dalla legge, devono essere cancellate dagli archivi delle banche.**

Di seguito, una tabella riepilogativa dei tempi di conservazione delle informazioni creditizie.

| | |
|---|---|
| **Richieste di finanziamento** | 6 mesi, qualora l'istruttoria lo richieda, o 1 mese in caso di rifiuto della richiesta o rinuncia alla stessa. |
| **Morosità di due rate o di due mesi poi sanate** | 12 mesi dalla regolarizzazione. |
| **Ritardi superiori sanati anche su transazione** | 24 mesi dalla regolarizzazione. |
| **Eventi negativi non sanati** (morosità, gravi inadempimenti sofferenze) | 36 mesi dalla data di scadenza contrattuale del rapporto o dalla data in cui è risultato necessario l'ultimo aggiornamento (in caso di successivi accordi o altri eventi rilevanti in relazione al rimborso). |
| **Rapporti che si sono svolti positivamente** (senza ritardi o altri eventi negativi). | 36 mesi |

Trascorso il termine stabilito per la conservazione dei nostri dati finanziari nel sistema della banche dati, possiamo accertarci personalmente della loro cancellazione. Per far questo dovremo contattare direttamente la società CRIF Sp.A., mediante la trasmissione, a mezzo fax, di un modulo prestampato che potremo scaricare direttamente dal sito www.crif.it al quale dovremo allegare, obbligatoriamente, copia della carta di identità, della patente o del passaporto e copia del codice fiscale.

Con questa richiesta chiederemo di accedere alla verifica dei nostri dati finanziari, al fine di verificare se, nella banca dati, vi sono ancora segnalazioni pregiudizievoli nei nostri confronti.

Trascorsi circa quindici giorni, si riceverà, a mezzo posta, la risposta da parte della CRIF: nel caso in cui dovessero risultare ancora delle segnalazioni negative a nostro carico in merito al mancato o ritardato pagamento delle rate di uno o più prestiti, nonostante sia già trascorso il termine stabilito per la loro cancellazione, allora si dovrà procedere direttamente con la richiesta di cancellazione. In questo caso, sarà opportuno farvi assistere da un legale in modo da avere la certezza di celerità nella definizione di questa pratica.

Bisogna tenere nel dovuto conto il fatto che, fino a quando i nostri dati non saranno cancellati definitivamente dal circuito, non potremo avanzare alcuna nuova richiesta di prestito, pena un sicuro rifiuto da parte delle banche.

Solo in alcuni casi è possibile chiedere la cancellazione dei nostri dati finanziari prima della scadenza dei termini stabiliti: questo può avvenire quando le informazioni creditizie contengono dati inesatti o non aggiornati o nel caso in cui abbiamo subito una truffa o un furto di identità.

*Nel caso di truffa o furto di identità*, prima di procedere con la richiesta di cancellazione occorre immediatamente denunciare l'accaduto alle forze dell'ordine e solo successivamente informare, tramite Raccomandata – alla quale va sempre allegata la denuncia – la società finanziaria o la banca interessata.

**SEGRETO n. 15: la CRIF è una società privata di informazioni creditizie alla quale abbiamo la possibilità di poter accedere gratuitamente.**

RIEPILOGO DEL CAPITOLO 3:

- SEGRETO n. 11: tutti i finanziamenti, di qualunque natura siano (prestito personale, prestito al consumo, cessione del quinto, mutuo casa), possono essere estinti anticipatamente.
- SEGRETO n. 12: il conteggio estintivo, il piano di ammortamento, il bonifico e la liberatoria rilasciata dalla banca sono gli elementi che caratterizzano una corretta estinzione anticipata del finanziamento.
- SEGRETO n. 13: oggi è possibile difendersi dalle banche in via stragiudiziale attraverso l'utilizzo del reclamo all'Arbitro Bancario Finanziario o al Conciliatore Bancario.
- SEGRETO n. 14: tutte le informazioni personali finanziarie, trascorso il tempo prestabilito dalla legge, devono essere cancellate dagli archivi delle banche.
- SEGRETO n. 15: la CRIF è una società privata di informazioni creditizie alla quale abbiamo la possibilità di poter accedere gratuitamente.

# Conclusione

Caro lettore, siamo giunti alla fine di questo ebook in cui ho messo a tua disposizione tutti i trucchi e i consigli che quotidianamente utilizzo nell'esercizio della mia professione di agente in attività finanziaria. Ora spetta solo a te metterli in pratica per evitare di farti dire di **no** alle tue richieste di prestito, nonché di utilizzare al meglio tutti gli strumenti necessari per poterti difendere dalle banche.

Oggi hai la possibilità di accedere al credito potendo scegliere tra diversi interlocutori. Infatti, oltre al classico appuntamento presso la filiale della banca, possiamo utilizzare personalmente il web per la richiesta di prestiti online, oppure possiamo affidarci alla competenza e alla professionalità di un agente finanziario.

Ora conosci i criteri che le banche utilizzano per valutare le nostre richieste di prestito e sai come fare per superare eventuali imprevisti come, ad esempio, la mancata attribuzione del credit scoring.

Inoltre, sai cosa fare prima di sottoscrivere il contratto di prestito, conosci l'importanza di sigle come TAN, TAEG e TEGM e sai valutare e quantificare le spese del contratto, comprese quelle assicurative. Hai appreso come leggere un piano di ammortamento alla francese e, soprattutto, sai come utilizzarlo in caso di estinzione anticipata del prestito per quantificare quanto capitale devi ancora rimborsare alla banca.

Sai come difenderti dalle banche attraverso l'utilizzo del reclamo all'Arbitro Bancario Finanziario o al Conciliatore e conosci la procedura da seguire non solo per consultar le banche dati, ma anche per chiedere la rettifica o la cancellazione delle informazioni creditizie dalla Crif S.p.A.

Quindi, caro lettore, ora spetta solo a te mettere in pratica tutto quanto hai appreso dalla lettura di questa guida per *evitare di farti dire di no* dalle banche.